hänssler

Hannelore Risch

Weihnachtliche Gedanken an meiner Krippe

Bilder, Texte und Lieder für die Advents- und Weihnachtszeit

Lied:

Text: Isaac Watts, 1674-1748
Deutsch: Johannes Haas, 1978
Melodie: Georg Friedrich Händel, 1685-1759

Vorwort

Meine Nichte Barbara Steinmetz, Mutter von zwei kleinen Kindern, erzählte mir: »Jeden Tag, am Morgen oder am Abend – je nachdem, wie es klappt – liest mein Claus mir eine anschauliche Kurzandacht vor. Danach lese ich uns die entsprechenden Bibelverse. Wir tauschen unsere Gedanken darüber aus und beten gemeinsam. Dabei zeigt mir mein Mann sein Innerstes, ich ihm meines, weil wir vor Gott offen sind. So erleben wir auf einer ganz anderen Ebene miteinander Gemeinschaft. Dann singen wir mit Gitarrenbegleitung noch zwei oder drei Lieder. Zum Schluss ein Kuss! Das vertieft unsere Ehe und schafft in unserer kleinen Familie ein erfülltes Miteinander. Natürlich ist diese Art von Gemeinschaft nicht problemlos, doch durch Gedankenaustausch und Gebetsgemeinschaft sehr aufrichtig. So bemühen wir uns, gegen Oberflächlichkeit anzugehen.
In der Adventszeit haben wir jedoch ein besonderes Problem: Unsere Andachten passen nicht so recht in die vorweihnachtliche Zeit. Das enttäuscht uns. Bis jetzt haben wir noch keinen ›Adventskalender für Erwachsene‹ entdeckt.« Sofort hat es bei mir im Kopf geklingelt! Ja, diesem Mangel möchte ich gern abhelfen! So wurde der vorliegende Bildband ›gezeugt‹ und nach gründlicher Bearbeitung ›geboren‹. Er soll in der Advents- und Weihnachtszeit nicht nur Ehepaare und Familien bereichern, sondern vor allem auch Alleinlebende.
Zur Veranschaulichung habe ich aus meinen verschiedenen Krippen, die ich modelliert habe, einzelne Figuren ausgewählt. Wo diese nicht ausreichten, nahm ich einige Plastiken meiner Mutter Luise Schreiner – ehemals vielseitig engagierte Pfarrfrau in Hassloch – hinzu. Sie war nämlich ein ›Weihnachtsmensch‹ und pflegte in ihrem Alter eine besondere Beziehung zum Jesuskind. So ist es meinen Geschwistern und mir eine große Freude, dass unsere Mutter auch nach ihrem Tod durch ihre aussagekräftigen Krippenfiguren noch einmal ›zu Wort kommt‹.
Viele Lieder habe ich aus dem Evangelischen Gesangbuch (EG) genommen, weil ich vermute, dass es in meiner Lesergemeinde verbreitet ist. Die Liednummern stehen im Anhang. Mein Sohn Johannes hat die Gitarrengriffe eingetragen. Die Flötenüberstimmen habe ich bewusst einfach gesetzt, damit sie leicht zu spielen sind; denn manche Leute spielen nur an Weihnachten wieder einmal auf ihrer Flöte.
Vor allem hatte ich großes Glück, einen hervorragenden Hobbyfotografen zu finden: Volker Rust aus Hassloch. Verständnisvoll vertiefte er sich in die Aussagen des Textes und der Plastiken und schuf brillante Bilder. Ihm ganz herzlichen Dank!
So wünsche ich diesem neuen Buch, dass es in der Advents-und Weihnachtszeit vielen ein innerer Gewinn wird und sie froh macht.

Eine leere Weihnacht

Die kommende Weihnacht darf nicht wieder so an mir vorüberrauschen wie das letzte Weihnachtsfest – nämlich ohne eine Leuchtspur zu hinterlassen! Vielfältige Vorbereitungen in der Adventszeit vor einem Jahr und meine lieben Gäste hatten mich bis in den Januar hinein voll beschlagnahmt. Sie hatten mir natürlich Freude gemacht und mein Leben bereichert, mir aber auch manche Probleme aufgeladen.

Nach der Weihnachtszeit packte ich die selbst modellierten Krippenfiguren wieder sorgfältig in die Holzkiste. Zuletzt stand nur noch die Kulisse da: der Höhlenstall, der leere Futtertrog, Kerzenstummel und nadelnde Tannenzweige. Da dachte ich traurig: ›War meine Weihnacht auch so leer gewesen? Ich hatte für die Familie alles schön hergerichtet und hübsch geschmückt, bin auch im Gottesdienst gewesen – die weihnachtliche Kulisse hatte jedenfalls gestimmt! Aber die Hauptsache war mir an den Rand gerutscht. Nun war alles vorbei! Und was ist geblieben? Hatte ich wenigstens eine einzige Zwiesprache mit dem Kind in der Krippe gehabt? Oder eine innere Begegnung mit der Mutter Maria, dem stillen Josef und den herbeieilenden Hirten? War mir die ewige Bedeutung von Weihnachten neu aufgegangen? Oh, ich hatte ja kein einziges Weihnachtslied ganz allein vor der Krippe gesungen – nur für Jesus! Und welcher Weihnachtsstrahl würde mir nun in das neue Jahr hineinleuchten?‹

Ach, ich war traurig und fühlte mich innerlich leer.

Das darf nicht mehr vorkommen! Nie mehr!

Ich nahm mir zweierlei vor: In Zukunft werde ich schon vor der Adventszeit damit beginnen, alle Vorbereitungen viel besser zu organisieren. Und ich werde schon im Advent meine Krippenfiguren aufstellen – ganz allein für mich! Dann werde ich manch stilles Stündlein davor sitzen und das Weihnachtsgeschehen wieder neu in mich aufnehmen. Die Tonfiguren sollen mich dazu anregen.

Kanon:

Melodie: Michaelis Hadwig

*2

1.

Mein Adventskranz

Kurz vor dem 1. Advent schmücke ich mein Wohn-Ess-Zimmer mit frischem Tannengrün, das nach Wald duftet. An manche Zweige hänge ich Christbaumschmuck, den die Kinder gebastelt haben. Voller Vorfreude klebe ich ihre bunten Sterne an die Fensterscheiben. Beglückt denke ich: »Nun habe ich ein richtiges Weihnachtszimmer. Meine

Gäste werden sich freuen!« Manche Erinnerungen an frühere Adventszeiten steigen in mir hoch, und ich beginne Adventslieder zu singen. Zuletzt stecke ich an den Adventskranz vier neue Kerzen – in diesem Jahr weiße, weil ich mit der Mode gehe!

Advent heißt Ankunft – Gottes Ankunft in unserer Welt! Die erste Adventskerze erzählt mir von seiner ersten Ankunft: damals als Jesuskind im Stall von Bethlehem. Zuerst erkannten nur wenige, dass in diesem Neugeborenen Gott selber zu uns gekommen ist. Später zog Jesus als Wanderprediger mit einigen Anhängern durchs Land, heilte die Kranken und sagte: »Wer mich sieht, der sieht den, der mich gesandt hat ... Ich und der Vater sind eins!« [*3] Da fiel es manchen wie Schuppen von den Augen; sie erkannten: In ihm ist Gott!

Die zweite Adventskerze erinnert mich an Gottes zweite Ankunft auf unserer Erde: damals an jenem Pfingstfest, als die dritte Person der göttlichen Dreieinigkeit die Jesusanhänger mächtig erfasste.[*4] Die vorher ängstlich waren, traten nun mutig in der Öffentlichkeit auf und sprachen begeistert davon, dass der gekreuzigte Jesus auferstanden ist und lebt. Wegen ihrer festen Überzeugung starben viele von ihnen als Märtyrer. Seither ist der Heilige Geist in unserer Welt und wirkt an allen Enden. Ohne ihn wäre der christliche Glaube tot.

Während die beiden ersten Adventskerzen auf grundlegende Ereignisse der Vergangenheit hindeuten, redet meine dritte Kerze vom Heute und vom persönlichen Betroffensein: »Wär Christus tausendmal in Bethlehem geboren und nicht in dir, du wärest doch verloren! Was hilft dir Christi Geist in aller Welt, wenn er dich selber nicht erfüllt?« [*5]

Bei seiner ersten und zweiten Ankunft hat Gott nicht alle Welt gefragt, ob sein Eintreffen erwünscht sei, sondern er kam, als die Zeit erfüllt war.[*6] Aber bei seiner dritten Ankunft will er persönlich bei jedem Einzelnen ankommen. Weil er dessen Entscheidung respektiert, fragt er freundlich: »Darf ich?« Und er wartet in liebevoller Geduld auf die Antwort: »Ja, bitte!« Er gibt sich also nicht mit aller Welt zufrieden, sondern begehrt eine persönliche Einladung von mir und von dir.[*7] Ich kenne eine Person, die deswegen die dritte Adventskerze nicht angezündet hat. Sie antwortete ihm: »Nein, danke! Noch nicht!«

Meine vierte Adventskerze weist in die Zukunft auf Jesu öffentliche Wiederkunft in Macht und Herrlichkeit. Wir wissen nicht, wann er wiederkommen wird. Vielleicht kommt er noch eher, als wir denken. [*8] [*9]

Kanon:

Text: Paul Gerhardt, 1607-1673
Melodie: Johann Crüger, 1598-1662
Kanon: Hannelore Risch

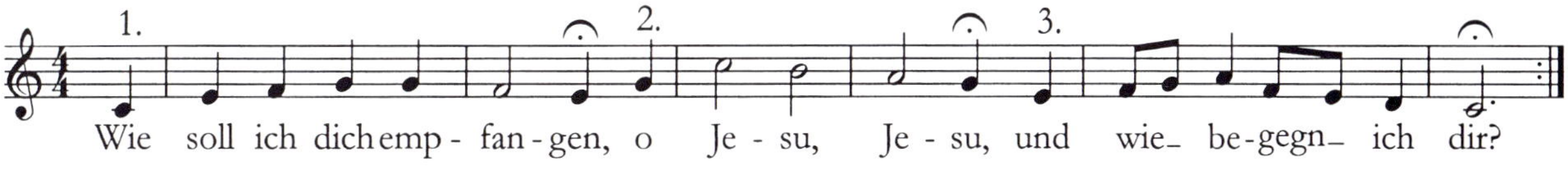

[*10]

Lied:

Text: Paul Gerhardt, 1607-1673
Melodie: Johann Crüger, 1598-1662
Flötenstimme: Hannelore Risch

2. Ihr dürft euch nicht bemühen / noch sorgen Tag und Nacht,
wie ihr ihn wollet ziehen / mit eures Armes Macht.
Er kommt, er kommt mit Willen, / ist voller Lieb und Lust,
all Angst und Not zu stillen, / die ihm an euch bewusst.

3. Auch dürft ihr nicht erschrecken / vor eurer Sünden Schuld;
nein, Jesus will sie decken / mit seiner Liebe Huld.
Er kommt, er kommt den Sündern / zu Trost und wahrem Heil,
schafft, dass bei Gottes Kindern / verbleib ihr Erb und Teil.

4. Er kommt zum Weltgerichte: / zum Fluch dem, der ihm flucht,
mit Gnad und süßem Lichte / dem, der ihn liebt und sucht.
Ach komm, ach komm, o Sonne, / und hol uns allzumal
Zum ewgen Licht und Wonne / in deinen Freudensaal.

2.

Die Liebe ist die Triebfeder

Ganz entspannt sitze ich vor meiner Weihnachtskrippe, zünde einige Kerzen an und höre leise Weihnachtsmusik. Ich betrachte die vielen Tonfiguren. Außer einer einzigen wirken alle irgendwie lebendig. Ihre Bewegungen konzentrieren sich auf einen Punkt: das Kind in der Krippe. Hier kommen sie zur Ruhe. Ich denke:
Das unscheinbare Jesuskind im Futtertrog ist das Ziel von allen; fast sämtliche Krippenfiguren wenden sich ihm zu. Jede eilt zu ihm hin oder neigt sich vor ihm. So ist es in Wirklichkeit die Mitte von allem Geschaffenen; denn es ist nicht irgendein herziges Baby, sondern der einzigartige Gottessohn. Er ist der Mittelpunkt unserer Zivilisation. Und seine Geburt ist das zentrale Ereignis in der Geschichte unserer Erde!
Ich kann es nicht begreifen, nur staunen:
Der Allerhöchste hat sich seinen eingeborenen Sohn vom Herzen gerissen und in unsere

fen einen Einsamen an oder schreiben einen ermutigenden Brief, sie packen zu und helfen jemandem – alles, ohne große Worte zu machen. Aus Liebe zu Jesus! Kaum einer ehrt sie dafür. Vielleicht haben sie manchmal Minderwertigkeitsgefühle, dass ihr Dienst gering sei. Doch Gott sieht ihre Treue und rechnet ihnen ihren unscheinbaren Einsatz hoch an – sogar den Becher voll kalten Wassers, den sie liebevoll einem Durstigen gereicht haben.
Manche von ihnen beten: »Mein Vater, ich kann dein Handeln wirklich nicht verstehen – aber ich vertraue dir trotzdem!« So wie auch Josef der Liebe Gottes vertraute, obwohl er keinen Durchblick hatte.
Solche Menschen, die in Dunkelheit und Ungewissheit ihrem himmlischen Vater dennoch vertrauen, bewegen sein Herz. In besonderer Liebe behält er sie im Auge. Im Himmel wird er sie weit mehr ehren als die Geehrten dieser Erde.

Gebet:

Text: Gerhard Fritzsche

Ich will mich fügen und halten still
und mich begnügen, wie Gott es will.
Ich will nicht fragen: Warum dies mir?
Du wirst mich tragen, mein Gott, zu dir.
Und mag zerbrechen die ganze Welt,
so darf ich sprechen: Wie's Gott gefällt!
Ich bin geborgen – o seliger Stand -
so heut wie morgen in Gottes Hand. [*16]

Meine Weihnachtsgedanken:

5.

Ziele des Widersachers

Diese Schlange aus Ton sieht absolut harmlos aus. Sie ist nur ein schwaches Symbol für Satan und seine übergroße Macht. Er hat viele Namen: Erzlügner, Vater der Lüge, Dieb, Mörder von Anfang an, Durcheinanderbringer, Fürst dieser Welt, der Böse, der Drache, die alte Schlange, der Teufel, unser Verkläger vor Gott und unser Versucher zum Bösen. Er verstellt sich zum Engel des Lichts, verleitet uns ständig zum Ungehorsam und verleumdet Gott bei den Menschen. Seine Diener sind die bösen Geister, die Dämonen. [*17]

Nach wie vor ist sein Ziel, allmächtig zu sein wie Gott. So ist er Gottes Erzfeind. Dem Reich Gottes, das voller Licht ist, steht Satans Reich der Finsternis gegenüber. Doch in diesem Kampf hat Satan nur eine gebrochene Macht. Einer hat ihm den Kopf zerstampft, als dieser ausrief: »Es ist vollbracht!« Jesus Christus, der Sieger über Hölle, Tod und Satan! Er hat die uralte Prophetie erfüllt: ›Der soll dir den Kopf zertreten!‹ [*18]
Also ist der Schlangenkopf zermalmt. Aber Körper und Schwanz sind in einer von Gott begrenzten Zeit noch mächtig genug, um furchtbar viel Unheil anzurichten. Rasend vor Wut tobt Satan gegen Gott und seine Auserwählten. Diese werden nämlich den Thron einnehmen, den er als gefallener Engel endgültig verloren hat. Darum hasst er die, die Gott lieben. Denn sie haben nun die Möglichkeit, durch Jesu Sühnetod Gottes Mitregenten zu werden. Satan gönnt ihnen nicht, dass sie eine Beziehung zu Gott eingehen und Gemeinschaft mit der Heiligen Dreieinigkeit haben, die er als Rebell verlassen musste. So will er unbedingt eines erreichen: uns Christen zu Fall bringen, dass wir das herrliche Ziel nicht erreichen.
Aber keiner braucht auf Satans Verführung einzugehen. Wenn wir den ›Schild des Glaubens‹ ergreifen und ihm widerstehen, werden wir erleben, dass er flieht und Gott sich uns naht. Durch diesen Glaubenskampf erstarken wir und bewähren uns und werden zu Überwindern, die dann die Krone des Lebens erhalten. [*19] Damit ist Satan ein Werkzeug, womit Gott unsere höchste Berufung hinausführt.
Satans Ende steht noch bevor. Johannes schreibt in den Kapiteln 12 und 20 der Offenbarung u. a.: »Und es entbrannte ein Kampf im Himmel. Michael und seine Engel kämpften gegen den Drachen. Und der Drache kämpfte und seine Engel, und sie siegten nicht und ihre Stätte wurde nicht mehr gefunden im Himmel … Und er wurde auf die Erde geworfen, und seine Engel wurden mit ihm dahin geworfen.« Am Ende der Erdenzeit wird die höllische Dreieinigkeit, Satan, das Tier und der falsche Prophet, gerichtet und wird »geworfen in den Pfuhl von Feuer und Schwefel … und sie werden gequält werden Tag und Nacht, von Ewigkeit zu Ewigkeit.« Gott ist gerecht.
»Jesus Christus ist der Sieger über Hölle, Tod und Teufel, darum wähle ich ihn!« [*20] So glauben wir und rufen es laut, wenn wir in Anfechtungen stecken: »Jesus ist Sieger!« Und der Feind weicht!

Lied:

Text: Wolf Rahn
Melodie: aus Israel

*20

6.

Heimweh nach dem verlorenen Paradies

An der Krippe kniet ein Ehepaar: Eva und Adam.*[21] Das überrascht jeden, weil sie ja viel früher gelebt haben. Eva hält mit beiden Händen dem Kind einen Apfel hin, als gäbe sie ihre Verfehlung zu. Liebevoll legt Adam seine Rechte auf ihre Schulter. Er steht zu ihr und schiebt ihr keine Schuld mehr in die Schuhe. Keine einzige Ausrede mehr!

Auch er gibt sein Misstrauen gegen Gott zu: Sein linker Arm deutet an, dass er nun offen ist für das Geschenk der Versöhnung mit Gott, die Jesus ihnen mit seinem Kommen bereitet. Jesu Kreuz ist der Schlüssel, womit er ihnen das Paradies wieder aufschließt. So können sie erneut in eine liebevolle Gemeinschaft mit ihrem Schöpfer eintreten. Wie sehr hatten sie dieses Glück entbehrt! Das Heimweh hatte sie nie mehr losgelassen.

Jesu Leben und Sterben, auch seine Auferstehung gelten nicht nur für seine Zeitgenossen, sondern für die Menschen aller Zeiten – für die, welche vor ihm gelebt haben und für die, die nach ihm leben. Er tilgte vor 2 000 Jahren alle Schuld für alle Menschen – unabhängig davon, ob der Einzelne die Schuldtilgung annimmt oder leichtfertig übersieht. Sie hat allerdings n u r für diese Person einen ewig gültigen Wert, die sich Gottes Vergebung dankbar bewusst macht und sie in ihr Leben hineinnimmt. Der Apostel Paulus schreibt: »Er hat den Schuldbrief getilgt, der mit seinen Forderungen gegen uns war, und hat ihn weggetan und an das Kreuz geheftet.«[*21]
Hängt auch mein Schuldbrief am Kreuz ?

Lied und Gebet:

Text: Justus Gesenius 1646

Wenn meine Sünd' mich kränken,
o mein Herr Jesu Christ,
so lass mich daran denken, wie du gestorben bist,
und alle meine Schuldenlast
am Stamm des heiligen Kreuzes auf dich genommen hast.

Drum sag ich dir von Herzen jetzt und mein Leben lang
für deine Pein und Schmerzen, o Jesu, Lob und Dank:
für deine Not und Angstgeschrei,
für dein unschuldig Sterben, für deine Lieb und Treu.

Lass mich an andern üben, was du an mir getan,
und meinen Nächsten lieben, gern dienen jedermann -
ohne Eigennutz und Heuchelschein -
so wie du mir erwiesen: aus reiner Lieb allein.[*23]

7.

Im Gegenwind

Der Hirte stemmt sich mit aller Kraft gegen den Wind. Hut und Mantel muss er festhalten, damit sie nicht hochfliegen. Und sein Hündlein sucht Windschutz bei ihm, dem Größeren. Es scheint, als wolle der Gegenwind ihn von der eingeschlagenen Richtung abhalten. Aber der Hirte lässt sich nicht von seinem Vorhaben abbringen: Er will herausfinden, ob die Botschaft der Engel wahr ist. Mit eignen Augen will er das göttliche Kind sehen, das in Windeln gewickelt in einer Krippe liegt. Dafür nimmt er in Kauf, gegen starken Wind anzukämpfen.

Auch ich spüre Gegenströmungen, wenn ich mir Zeit nehmen will, meinem Gott zu begegnen. Entweder werde ich müde und es fällt mir schwer, mich zu konzentrieren. Meine Gedanken flattern in alle Richtungen. Oder das Telefon und die Hausglocke läuten. Schlimmer ist es, wenn ein eifersüchtiges Familienglied nicht mein Recht auf ›Stille Zeit‹ respektiert. Oft fällt mir auch eine Arbeit ein, die sofort erledigt werden sollte. Prioritäten müssen gesetzt werden,

Wichtiges darf nicht vergessen werden! Ein andermal bedrückt mich eine große Sorge, so dass meine Gedanken ständig darum kreisen – doch sie sollten sich vor allem um meinen Herrn drehen wie die Gestirne um die Sonne.
Das ist die Frage: Lasse ich mich von solchen Gegenströmungen zurückhalten, Audienz beim höchsten König zu haben?
Ich kann mir vorstellen, wer im Grunde diesen Gegenwind antreibt! Von ihm wird gesagt, dass er am meisten fürchte, wenn Christen beten.
Darum soll der ›Hirte im Gegenwind‹ mich anregen, dass auch ich mich gegen die Widerstände stemme, nur um zum Jesuskind zu kommen. Mit Gottes Sohn im Gespräch zu sein, ist bei weitem mehr Gewinn als Zeitverlust.

Lied:

Text: Emil Quandt (1835-1911)
3. Strophe: Hannelore Risch
Melodie: August Rische (1819-1906)
Flötenstimme: Hannelore Risch

2. Mit Maria will ich sinnen, ganz verschwiegen und tief innen, über dem Geheimnis zart: Gott im Fleisch geoffenbart.

3. Und mit Josef will ich stille und geführt von Gottes Wille geben Christus das Geleit auch durch tiefe Dunkelheit.

*24

Meine Weihnachtsgedanken:

8.

Ein leeres Gefäß

Eine Frau eilt zum Jesuskind. Mit beiden Händen trägt sie eine leere Schüssel. Was will sie damit? Eigentlich ist es üblich, einem Neugeborenen einen Willkommensgruß zu schenken! Aber ihr Gefäß ist leer. Es schreit geradezu danach, gefüllt zu werden! Was will sie bei dem armen Jesuskind holen? Es liegt bei Tieren im Stall und hat nicht einmal ein Babybett! Doch seine Armut ist nur äußerlich; vielmehr ist es reich an göttlicher Liebe.
Genau das ahnt diese Frau; denn ihr Herz hat keine Liebe mehr. Sie fühlt sich ausgebrannt und ausgenutzt. Immer wieder musste sie geben und geben. Nur selten hat sie dafür Lob und Dank erhalten. Jetzt

ist ihre Liebe am Ende. Sie hat keine Kraft mehr, den anderen zu verzeihen! Sie kann ihre Nächsten kaum ertragen; denn sie trampeln auf ihrer Seele herum und merken es nicht einmal!

Soll sie aufgeben? Nein! Voller Hoffnung eilt sie zu Jesus – nicht nur einmal, sondern täglich. Und er enttäuscht sie nicht. Er erklärt ihr die Situation: warum die anderen sich egoistisch verhalten und warum sie so verletzbar ist. Er versteht sie. Er streicht Balsam auf ihre Wunden und tröstet sie. Er vergibt ihr alle Bitterkeit. Er richtet sie wieder auf und stärkt ihr den Rücken. Sie fühlt sich von ihm geliebt und wert geachtet.

So schöpft sie zuerst zaghaft, dann immer mehr aus der Fülle seiner Liebe. Auch schickt er sie zu einer erfahrenen Christin, die sie beraten kann. Ihr Gefäß des Herzens wird stets wieder neu gefüllt. Nun kann sie sagen: »Von seiner Fülle habe ich genommen Liebe um Liebe!« Davon kann sie weitergeben an die, welche sie ausbeuten.

Liebe hat die Eigenschaft, Menschen zu verändern – nicht plötzlich, aber sie wirkt!

Lied:

Text: Viktor Friedrich von Strauß und Torney
Melodie: Mein schönste Zier und Kleinod
Leipzig, 1573, bei Seth Calvisius, 1594

Lied und Gebet:

Herr, leucht in uns mit deiner Gnad,
wenn uns des Nächsten Wort und Tat
bringt Kränkung, Leid und Schmerzen.
Lass ganz und rein uns ihm verzeihn
in Wahrheit und von Herzen.[*25]

9.

Ein Sack voller Probleme

Ein Mann trägt einen gefüllten Sack. Er geht gebückt mit großen Schritten. Die Last ist schwer. Es sind keine Nikolausgeschenke, sonst wäre sein Gesicht voll heimlicher Vorfreude. Vielmehr wirkt es verbittert und verschlossen, hat tiefe Furchen und Sorgenfalten.
Was schleppt er nur mit sich herum? Sind es unbearbeitete Probleme? Enttäuschungen?
Zerbrochene Beziehungen?
Oder Schuld wie Unversöhnlichkeit und Groll? Hartherzigkeit und Lügen? Sorgengeist und Kritiksucht?
Jedenfalls will er die Last loswerden. Wo kann er sie entsorgen? Wo? Da hört er den Heilandsruf: »Kommt her zu mir alle, die ihr mühselig und beladen seid! Kommt doch zu mir! Ich will euch die Last abnehmen! Ich quäle euch nicht und sehe auf keinen herab. Stellt euch unter meine Leitung und lernt bei mir; dann findet euer Leben Erfüllung! Was ich anordne, ist gut für euch, und was ich euch zu tragen gebe, ist keine Last.«[*26]

Wird unser Lastenträger diese Einladung annehmen? Wird er seinen Sack vor Jesu Füßen ausleeren? Wird er den Inhalt von ihm sortieren und – wenn nötig – auch entsorgen lassen? Für diesen Schritt braucht wohl der Belastete Ermutigung von einem Christen, der ihm beim Abladen hilft. Dazu eignet sich ganz besonders die Advents- und Weihnachtszeit. Nur nicht mit alter Last ins neue Jahr! Sonst wird sie in Jahren oder Jahrzehnten zur ›Altlast‹! Diese vergiftet heimlich unser Wesen und macht unser Leben vor Gott unfruchtbar. Unsere Nächsten leiden dann mehr darunter als wir selber. Sie bekommen nämlich unsere Agressionen hautnah zu spüren.

Leider ist es nicht leicht, sich von Schuld und Lasten zu trennen, mit denen wir seit Jahren verwachsen sind! Gehören wir vielleicht auch zu den Christen, die ihren Sack während einer Gebetszeit beim Heiland abstellen, ihn danach aber wieder auf sich laden? Wäre das nicht töricht?

Lied:

Text: Paul Gerhardt 1653

Wer sich fühlt beschwert im Herzen,
wer empfind't seine Sünd und Gewissensschmerzen,
sei getrost: hier wird gefunden,
der in Eil machet heil die vergift'ten Wunden.

Die ihr arm seid und elende,
kommt herbei, füllet frei eures Glaubens Hände!
Hier sind alle guten Gaben
und das Gold, da ihr sollt euer Herz mit laben. [*27]

Meine Weihnachtsgedanken:

10.

Bekümmerte Mutter

Recht nah beim Jesuskind steht eine betende Mutter. Im Tragetuch trägt sie ein Baby an ihrer Brust. Bekümmert schaut sie auf sein Köpfchen. Ihre Augenbrauen sind hochgezogen und legen die Stirne in Falten. Die Mundwinkel hängen sorgenvoll herab. Ist ihr Kind krank? Behindert? Oder ist es schon gestorben? Vielleicht hat sie es abgetrieben? Wie versteinert wirkt sie in ihrer Trauer.

Jedenfalls ist sie mit ihrer Not zu Jesus gekommen. Sie sieht in ihm den Kinderfreund. In ihrer Vorstellung will sie nun ihr Kind – lebend oder tot – ihm in den Schoß legen. Seinen Heilandshänden will sie es ganz überlassen. In sein Erbarmen will sie es betten. Ihm kann sie es anvertrauen. Er wird's mit ihm recht machen. Und er wird ihr vergeben, wo sie schuldig geworden ist.

Sie wird nicht enttäuscht werden. Im Hebräerbrief steht: »Werft euer Vertrauen nicht weg; denn eine große Belohnung wartet auf euch, wenn ihr treu bleibt!«[*28]

Unsere Kinder, ob sie klein oder groß oder längst erwachsen sind, bringen wir ständig im Gebet zu Jesus. Die uns ans Herz gewachsen sind, legen wir auf sein Herz. Wenn Mütter und Väter ihm vertrauen, dann handelt er an ihren Kindern. Er führt diese immer wieder in Situationen, wo sie ihm begegnen. Wenn sie darauf achten, können sie im Glauben zu ihm aufschauen und seine Güte erkennen. Und wenn sie achtlos an ihm vorbeileben? Dann bleibt er treu und geht als der gute Hirte ihnen nach und sucht sie.

Gebet:

Himmlischer Vater,
ich lege dir mein Kind / meine Kinder / meine Enkel an dein Herz.
Führe sie deinen guten Weg,
dass sie sich dir anvertrauen,
dich und ihre Nächsten lieben.
Vergib ihnen, wo sie ungehorsam sind
und nicht nach deinen Geboten leben.
Stelle ihnen starke Engel und gute Freunde an ihre Seite.
Lass uns dereinst vor deinem Thron vereint sein,
wo wir für immer bei dir leben werden.
Amen

Meine Weihnachtsgedanken:

11.

Ein Geschenk aus Dankbarkeit

Noch ganz benommen von der Botschaft des Engels, machte sich der Hirtenjunge auf den Weg zum Stall. Sein kleines Lamm folgte ihm. Nun kniet er nieder und betrachtet still das Jesuskind in der Krippe. Dabei hält er sein Lämmchen fest und fühlt seine Wärme. Er sieht, was nur erleuchtete Augen sehen können: den himmlischen Glanz um das neugeborene Kind.
Ständig muss er an die Engelserscheinung denken, die er gerade erlebt hatte: Der Himmel hatte sich über ihm geöffnet, und er konnte himmlische Freude über Christi Geburt sehen und hören. Da beugt er sich zum Christuskind vor und flüstert: »Weil du diesen herrlichen Himmel und die Engel verlassen hast und bist zu uns gekommen, schenke ich dir das Liebste, was ich hab': mein Lämmchen!«

Dankbarkeit sucht einen Ausdruck! Kinder können ihren Dank oft besser ausdrücken als Erwachsene. Ohne Zweifel bin ich dankbar, dass Gott sich uns in Jesus offenbart hat. Wir wüssten sonst kaum etwas vom himmlischen Vater. Doch wie kann ich meinen Dank äußern? Leider fehlt mir die Fantasie der Liebe!
Dabei weiß ich, dass Jesus über kleine, ungeschickte Zeichen meiner Dankbarkeit gerührt ist – so wie ich es war, als mein Töchterchen mir spontan ein Gänseblümchen schenkte und mich umarmte.
Wie sieht nun mein Gänseblümchen für Jesus aus? Ist es ein frohes Danklied? Oder eine kleine Tat – nur ihm zuliebe? Zeit, mit ihm im Gespräch zu sein? Interesse für seinen Liebesbrief an uns – die Bibel? Oder ein Liebesdienst in seiner Gemeinde? Vielleicht endlich ein Gang der Versöhnung, der mir so schwer fällt? Das ist ›mein Lämmchen‹ aus Dankbarkeit und Liebe – vielleicht auch nur ein winziges Gänseblümchen!

Lied:

Text und Melodie: Martin Gotthard Schneider

*29

12.

Nichts hab ich zu bringen

An meiner Krippe steht auch ein Mädchen. Es zeigt dem Kind die Innenflächen seiner Hände. Sie sind leer. Dabei zieht es bedauernd die Schultern hoch und schaut verschämt auf den Boden. Ich denke mir aus, dass diese Begegnung einen Fortgang hat:

»Komm näher, mein Mädchen!«, sagt das Christkind, »warum bist du denn so traurig?« – »Weil ich dir nichts mitgebracht habe! Ich habe höchstens ein Bonbon für dich. Aber es ist schon angelutscht!« – »Ich wünsche mir was anderes von dir!«, meint das Christkind, »nämlich drei Dinge!« – »Oh, gern, Jesulein! Aber was?« – »Schenk mir dein letztes Bild, das du gemalt hast!« Verlegen flüstert das Mädchen: »Es ist leider ganz schlecht! Niemandem hat es gefallen. Ich habe die Note ›ungenügend‹ dafür bekommen!« – »Genau deshalb möchte ich dieses Bild haben!«, bittet Jesulein, »du kannst mir immer das bringen, was anderen an dir nicht gefällt und alles, was ihnen an deinem Leben nicht genügt!«

Es fährt fort: »Auch hätte ich gern deine Müslischale – die mit dem bunten Bild!« – »Aber die habe ich heute morgen zerbrochen!«, stottert das Mädchen. »Darum gib sie mir!«, bittet das Christkind, »bring mir immer, was in deinem Leben zerbrochen ist! Ich will es heil machen!

Und als Letztes gib mir die Antwort, die du deinen Eltern gegeben hast, als sie dich fragten, wie deine Müslischale kaputtgegangen ist!« Da wird das Mädchen bis unter die Haarwurzeln rot und flüstert dem Kind ins Ohr, so dass es Josef nicht hören kann: »Ich habe gesagt, es sei aus Versehen passiert. Aber in Wirklichkeit habe ich sie im Zorn auf den Boden geschmissen, weil ich Müsli nicht mag!« – »Danke, mein Mädchen, dass du die Lüge zugibst!«, sagt Jesulein freundlich, »bring mir immer alles, was in deinem Leben böse ist: deine Lügen, deinen Zorn, deine Feigheit, deinen Ungehorsam, deine Eifersucht ... Ich will dir alles vergeben und nie mehr daran denken. Sie sind versunken im Ozean meiner Barmherzigkeit. Es ist dann, als wären sie überhaupt nicht geschehen!« Das Mädchen atmet auf: »Danke, Jesulein!«, und streichelt es.

Mein Gebet:

13.

Die Weisen aus dem Morgenland

Meine Kinder wollten natürlich auch Krippenfiguren modellieren. Die Weisen aus dem Morgenland imponierten ihnen besonders. »Die sind von oben bis unten ganz weiß«, meinte mein Kleiner, »und sie haben dem Jesuskind Gold, Weihlauch und Möhren mitgebracht. Da hat es sich gefreut!« – »Nein!«, korrigierte ihn sein ältester Bruder, »sie hatten schöne, bunte Kleider an. Und einer hatte dunkelbraune Haut!« So malte er den

Mantel seines Weisen grün an und gab ihm eine Dose mit wohlriechendem Myrrhenparfüm in die Hände. Die anderen fünf Weisen bekamen von den Kindern Gold und Weihrauchharz in die Arme gelegt. Zu unserer Krippe kommen nämlich sechs Weise aus dem Morgenland!

Ich erklärte: »Sie überreichen Huldigungsgeschenke, die man früher Königen mitbrachte. Diese babylonischen Sterndeuter hatten aus der Stellung der Sterne erkannt, dass ein jüdischer König geboren ist. Ihn wollten sie begrüßen. In diesem besonderen Fall hat Gott sie durch einen Stern hingeführt.« [*30]

Wir wundern uns, dass die Weisen vor dem Neugeborenen einfacher Leute ihre Knie beugen. Obwohl äußerlich nichts darauf hindeutete, ehrten sie ihn als kleinen König. Sie ahnten wohl, dass er der König über alle Könige, der Herr über alle Herren ist, weil der Himmel ihnen seine Geburt angezeigt hatte.

Jesus sagte: »Mein Reich ist nicht von dieser Welt!« – ohne Grenzen, ohne Gewalt und ohne Waffen. [*31] So ist er ein König über Menschenherzen und zugleich der Himmelskönig. Seine Reichsbürger sind die, die Jesus lieben, überall auf der ganzen Welt. Freiwillig haben sie sich in seinem Reich einbürgern lassen. Dadurch haben sie auch Bürgerrecht im Himmel. Nie wird eine Bitte um Aufnahme in sein Friedensreich abgelehnt. Und niemand wird je wieder abgeschoben, auch wenn er noch so sehr gegen die Reichsgesetze verstößt (Joh 6,37). Darum hängen die Bürger mit ganzem Herzen an ihrem König Jesus Christus und verehren ihn über alles. Noch ist sein allmächtiges Königtum für eine gewisse Zeit verborgen. Aber einmal – vielleicht bald? – wird er wiederkommen und für alle sichtbar auf dieser Erde sein Reich voller Liebe und Herrlichkeit aufrichten. Und die Seinen werden dabei sein.

Lied:

Text: Georg Weissel (1623) 1642

Macht hoch die Tür, die Tor macht weit;
es kommt der Herr der Herrlichkeit:
ein König aller Königreich,
ein Heiland aller Welt zugleich,
der Heil und Leben mit sich bringt.
Derhalben jauchzt, mit Freuden singt:
Gelobet sei mein Gott,
mein Schöpfer reich von Rat! [*32]

14.

Gott loben – das ist unser Amt

Oberhalb der Weihnachtskrippe an der Wand hängen Mutters Zwillingsengel. Sie hatte sie mir zur Geburt meiner Zwillinge modelliert: Sie sehen sich ähnlich, singen beide aus einem Liederbuch und kommen gemeinsam mit nur drei Flügeln aus. Sie sind sich auch in ihrem Auftrag einig: ›Gott loben, das ist unser Amt!‹

Die Bibel berichtet viel von Engeln. Bevor unser Schöpfer die Menschen erschaffen hatte, schuf er die Engel – zehntausendmal viele Tausende; denn er wollte nicht allein sein. Sie sind Lichtwesen von unbeschreiblicher Schönheit, Kraft und Majestät – die Erstlinge seiner Geschöpfe, als Abglanz seines Wesens geschaffen. Ihnen, die sündlos und rein sind, zeigt Gott allezeit sein Angesicht voller Liebe. Da brechen sie in Jubel aus und umjauchzen seinen Thron und Jesus, das Lamm, der das Menschengeschlecht und die Erde erlöst hat. Welch ein himmlischer Lobpreis – unvorstellbar, unbeschreibbar und bewegend!

Immer sind die Engel mit der göttlichen Dreieinigkeit verbunden, auch wenn sie ›unterwegs‹ sind, um zu dienen. Sie sind Mitregenten Gottes, Vollstrecker seiner Gerichte, Kämpfer gegen Satan und seine Dämonen, Beschützer der Gläubigen, besonders der Kinder. So haben sie Macht über die Naturelemente und greifen im Auftrag Gottes in die Weltgeschichte ein. Doch ihre Stärke macht sie nicht überheblich, sondern sie leben in ständiger tiefster Demut und Ehrfurcht vor Gott. [*33]

Unsichtbar sind uns unsere Schutzengel sehr nah. »Wenn ich des Morgens aufstehe und bete, den Morgensegen spreche und übers Feld gehe, weiß ich, dass Gottes Engel bei mir ist, dass er um mich gute Wache hält wider die Teufel, die hinten und vorne um mich sind.«[*34]

In der ewigen Herrlichkeit werden wohl die Erlösten ihre Engel erkennen und ihnen danken können.

Lied:

Text: Emil Quandt
Melodie: M. August Rische

2. Mit den Weisen will ich geben, was ich Höchstes hab im Leben:
Geb zu seligem Gewinn ihm das Leben selber hin.

3. Mit dir selber, mein Befreier, will ich halten Weihnachtsfeier:
Komm, ach komm ins Herz hinein! Lass es deine Krippe sein!

[*35]

15.

Der Jahresengel

Hinter der Geburtsgrotte kniet ein Engel mit einem großen Gefäß in beiden Händen. Ich rücke ihn nach vorn an die Krippe und will eine dicke Kerze in seinen Korb stecken. Da merke ich, dass dieser ein Loch hat. Verärgert rüge ich mich: »Schlecht gearbeitet, Hanne!« – »Wirf deinen Ärger in meinen Korb!«, bittet der kleine Engel. Ich wundere mich gar nicht, dass er reden kann. »Und dann?«, frage ich. »Fällt er durch aufs Jesulein!«, erklärt mir der Korbengel. »Was? Mein dicker Ärger auf das zarte Kind?« – »Oh, es ist stark! Es nimmt ihn auf sein Herz und trägt ihn hinauf ans Kreuz! Und du bist ihn los!« Ich denke nach: »Du hast Recht, kleiner Engel! Du erinnerst mich an das Allerbeste, das es für mich gibt! Deshalb werde ich dich nach Weihnachten nicht wie die anderen Figuren in die Kiste packen. Du bist dann kein Weihnachtsengel mehr, sondern ein Jahresengel; du wirst das Jahr über bei mir bleiben. Wenn etwa Ärger mich überfällt oder eine Sorge belastet oder ein neidischer Gedanke kommt, dann werfe ich dergleichen schnell in deinen Müllkorb! Natürlich nur symbolisch!« – »Einverstanden!«, nickt der kleine Korbengel. »Siehst du«, sage ich erfreut, »so wird aus meiner schlechten Arbeit noch etwas sehr Gutes: Dein Korb mit Loch ist die beste Erinnerung, was ich zu tun habe, wenn es bei mir nicht stimmt!«
So überlege ich mir für den Jahresengel gleich einen guten Platz in meinem Schreibzimmer: Oben auf den Ablagekästen steht er etwas erhöht, hat Überblick und ist auch für mich nicht zu übersehen. Er ist zwar nur aus Ton. Ich bin ja unendlich dankbar, dass ich einen lebendigen Engel – vermutlich zwei! – an meiner Seite habe. Wie oft habe ich ihre Hilfe schon erfahren! Einmal wird es mir wohl gezeigt werden, was sie im Auftrag des Vaters für mich getan haben!

Lied:

Text: Gerhard Tersteegen
Mel.: Lobe den Herren

Jauchzet, ihr Himmel, frohlocket, ihr Engel, in Chören!
Singet dem Herren, dem Heiland der Menschen, zu Ehren!
Sehet doch da: Gott will so freundlich und nah
zu den Verlornen sich kehren.

Sehet dies Wunder, wie tief sich der Höchste hier beuget!
Sehet die Liebe, die endlich als Liebe sich zeiget!
Gott wird ein Kind, träget und hebet die Sünd.
Alles anbetet und schweiget.[*36]

Meine Weihnachtsgedanken:

16.

Zwiegespräch mit dem Jesuskind

Etwa um 400 n. Chr. lebte in Bethlehem der gelehrte Kirchenvater Hieronymus. Er leitete dort ein Mönchskloster. Bei wissenschaftlichen Auseinandersetzungen sei er oft hart und verletzend gewesen. Doch im Alter erfasste ihn eine große Liebe zum Jesuskind in der Krippe – vielleicht weil er in der Nähe der Geburtsgrotte wohnte. Von diesem Heiligen ist uns ein Zwiegespräch überliefert:

Ich sage: »Ach, mein Herr Jesus, wie hart liegst du da um meiner Seligkeit willen! Wie soll ich dir das je vergelten?«

Das Kindlein antwortet: »Ich begehre nichts! Singe du: Ehre sei Gott in der Höhe und Frieden auf Erden und den Menschen ein Wohlgefallen – und lass dir's lieb sein! Ich will noch viel dürftiger werden am Ölberg und am heiligen Kreuz.«

Ich spreche weiter: »Du liebes

Kind, ich muss dir etwas geben: Ich will dir all mein Geld geben!«
Das Kindlein: »Erde und Himmel sind doch mein! Mein ist auch Silber und Gold. Ich brauche nichts. Gib's armen Leuten! Das will ich annehmen, als sei's mir selbst gegeben.«
Ich sage: »Das will ich gern tun, Jesulein! Aber ich will auch dir etwas geben – oder ich muss vor lauter Leid sterben!«
Da höre ich die Antwort: »Willst du so freigiebig sein, dann will ich dir sagen, was du mir geben sollst: Gib mir her deine Sünden, dein hartes Herz, deinen Hochmut, dein schlechtes Gewissen und deine Verdammnis! Ich will alles auf meine Schultern nehmen.«
Da fange ich an bitterlich zu weinen und sage: »O Kindlein, ich dachte, du wolltest, was ich Gutes habe! Aber du willst, was ich Böses habe!«

Lied:

Text: Martin Luther 1524

Er ist auf Erden kommen arm, dass er unser sich erbarm
und in dem Himmel mache reich und seinen lieben Engeln gleich.
Kyrieleis.
Das hat er alles uns getan, sein groß Lieb zu zeigen an.
Des freu sich alle Christenheit und dank ihm des in Ewigkeit.
Kyrieleis. *37

Meine Weihnachtsgedanken:

17.

Gefesselt und geschlagen

Nah beim Jesuskind steht ein vom Leid gezeichneter Mann. Er schaut auf das arme Kind im Futtertrog, das im zugigen Stall auf die Welt gekommen ist. Und es sieht ihn mit wissenden Augen an. Zwischen beiden besteht eine tiefe Verbundenheit.

Die Männerarme sind hinter dem Rücken gefesselt. Am nackten Oberkörper kann man die Rippen zählen und Verwundungen erkennen. Eingesunkene Wangen, tief liegende Augen, ein leidensvoller Mund – was mag dieser Gefangene Furchtbares erlebt haben?

Ist er der leidende Jesus? Nein, er ist ihm nur ähnlich geworden! Wodurch?

Er ist als Christ um seines Glaubens willen gefoltert worden, wie es in manchen Ländern noch heute geschieht. Wenn er nur heimlich geglaubt oder seinen Gott öffentlich verleugnet hätte, wäre es ihm wohl besser ergangen. Er muss Jesus vor Augen gehabt ha-

ben, als dieser gefesselt, gefangen und misshandelt wurde. Nur so kann er das Leiden durchstehen, denn sein dornengekrönter Herr ist an seiner Seite und leidet mit ihm. Dadurch ist er dem leidenden Christus innerlich ähnlich geworden und wird ihm in der Auferstehung auch ähnlich sein. Im Leiden und in der Auferstehung vereint mit dem Gottessohn!
In unserem Land gibt es keine Christenverfolgung. Doch wir bleiben vom Leid nicht verschont. Tod, Krankheit, Kummer, zerbrochene Beziehungen, Verleumdung, Verlust und vieles mehr verletzen uns zutiefst. Wie verkraften wir es? Verzweifeln? Gott absagen? Die Verbindung mit ihm durchtrennen? Die Schuld den anderen zuschieben?
»Wenn du einen bitteren Kelch vor dir stehen hast, dann trinke ihn in Gemeinschaft mit Christus!« [*38] Wer das tut, erlebt eine wunderbare Wende: Sein Leidensweg mündet schon hier und erst recht später in die Auferstehungsfreude hinein. So wahr wie Christus gelitten hat und auferstanden ist, werden seine wahren Nachfolger mit ihm auferstehen in Herrlichkeit. Paulus schreibt im Römerbrief Kapitel 8, Vers 17: »Wenn wir wirklich mit Christus leiden, dann werden wir auch seine Herrlichkeit mit ihm teilen!« Dieses unvorstellbare Ziel leuchtet jetzt schon auf unseren Lebensweg, macht uns tragfähig im Leid und zielorientiert.

Lied:

Text: Paul Gerhardt 1653

Hoff, o du arme Seele, hoff und sei unverzagt!
Gott wird dich aus der Höhle, da dich der Kummer plagt,
mit großen Gnaden rücken; erwarte nur die Zeit,
so wirst du schon erblicken die Sonn der schönsten Freud.

Mach End, o Herr, mach Ende mit aller unsrer Not!
Stärk unsre Füß und Hände und lass bis in den Tod
uns allzeit deiner Pflege und Treu befohlen sein,
so gehen unsre Wege gewiss zum Himmel ein [*39]

18.

Wer passt zu Jesus?

In unserem Stall befinden sich drei Tiere: ein Lamm, ein Esel und ein Ochs, der sich die Hörner abgestoßen hat. Sie dürfen ganz nah beim Jesuskind sein. »Warum nur die?«, fragen mich meine Kinder. Sie hätten gern viele Tiere an der Krippe. »Nicht jedes passt zu Jesus!«, antworte ich, »eine Legende erzählt, dass der Erzengel Gabriel sie ausgewählt hat: Noch bevor Josef und Maria Bethlehem erreicht hatten, versammelte der Verkündigungsengel die Tiere der Gegend um sich: ›Ich will von euch zwei oder drei aussuchen, bei der Geburt von Gottes Sohn in Bethlehems Stall dabei sein zu dürfen!‹ – ›Als König der Tiere bin ich der Richtige!‹, meldete sich zuerst der Löwe, ›ich werde jeden zerreißen, der sich dem Kinde naht!‹ – ›Nein! Du bist zu grimmig!‹, entschied Gabriel. ›Dann nimm

mich!‹, schlug der Fuchs vor, ›ich werde für das leibliche Wohl sorgen und der Heiligen Familie jeden Tag ein frisches Huhn bringen!‹ – ›Du bist zu listig!‹, antwortete der Erzengel. Da stolzierte der Pfau herbei und schlug sein schönstes Rad: ›Ich könnte in dem armseligen Stall für eine farbenprächtige Kulisse sorgen!‹ – ›Du bist zu eitel!‹, erwiderte Gabriel. Darauf krächzte die diebische Elster: ›Ich kann dem armen Kind viel Glitzerschmuck bringen!‹ – Auch sie wurde abgelehnt. Viele Tiere boten sich an und rühmten ihre Künste. Alles vergeblich. ›Mäh!‹, meldete sich bescheiden das Lamm, ›bin ich nicht das Opfertier, das für die Sünden der Israeliten geschlachtet wird?‹ Da rollte dem Engel eine Träne über die Wange: ›Ja, du passt zu Jesus, dem Lamm Gottes, das die Sünde der ganzen Welt auf sich nimmt und stirbt!‹ Nun schaute er über die Tierschar: ›Und was ist mit den beiden da hinten auf dem Acker?‹ Da trotteten Ochs und Esel herbei. Gabriel fragte sie: ›Was könnt ihr?‹ – ›Nichts‹, antworteten beide, ›gar nichts! Wir können nur dienen und gehorchen!‹ Dann passt auch ihr zu Jesus. Er kommt auf die Welt, um den Menschen zu dienen und seinem Vater zu gehorchen.‹
Deshalb durften in der Heiligen Nacht von allen Tieren nur das Lamm, der Ochs und der Esel dabei sein«, schließe ich meine Erzählung und denke weiter: ›Wer passt von uns Menschen zu Jesus?‹ Er sagte: »Lernt von mir; denn ich bin sanftmütig und von Herzen demütig!« [*40]

Meine Weihnachtsgedanken:

19.

Ein distanzierter Beobachter

Ganz am Rand meiner Krippe steht steif ein Beobachter mit dem Rücken an der Wand. Ist er Mann oder Frau? Ein Bethlehemit oder ein Moderner? Er lehnt sich unbeteiligt zurück. Gleichgültig hat er sich vom Jesuskind und den anbetenden Gestalten abgewendet: ›Was geht's mich an? Kein Interesse! Für mich ist diese Angelegenheit zu übertrieben! Nur Tradition! Eigentlich längst überholt!‹

Er hat noch keine Glaubensaugen, um das weihnachtliche Geschehen zu erkennen; er ist noch taub für Gottes Reden, obwohl es auch in seinem Leben deutlich vorkam; er hat noch keinen Mund, um zu Jesus Christus zu beten. So lebt er ohne eine persönliche Beziehung zu ihm. Manchmal wünscht er sie sogar, dann lehnt er sie wieder ab. Vor Gott sind solche Menschen wie tot, obwohl sie äußerlich sehr aktiv sind. Sie haben kein geistliches Leben in sich, das über ihr Sterben hinausreicht und in Gottes ewige Freude hineinführt. Die Bibel bezeichnet sie verloren in der Gottesferne.

Aber der himmlische Vater gibt niemanden auf, der Heimweh nach ihm hat. Er wartet in schmerzlicher Liebe, bis der verlorene Sohn, die verlorene Tochter umkehrt und zu ihm heimkommt. Er

schickt sogar seinen einzigen Sohn zu den Verlorenen, dass er sie auf den Heimweg bringe.
Werden sie Jesus Christus Glauben schenken und sich ihm anvertrauen? Oder bleiben sie nach wie vor uninteressiert und gehen weiterhin stur ihren Weg – allerdings in die falsche Richtung?
Wir sollten ihnen Freundschaft schenken und sie in Veranstaltungen, die für Kirchendistanzierte zugeschnitten sind, einladen; jedoch vor allem ihre Namen vor Gott nennen und für sie beten: ›O Jesu Christe, wahres Licht, erleuchte, die dich kennen nicht ...!‹

Mein Gebet:

Lied:

Text: Johann Heermann
Melodie: Nürnberg 1676/1854
Flötenstimme: Hannelore Risch

2. Erfülle mit dem Gnadenschein, die in Irrtum verführet sein,
auch die so heimlich ficht noch an in ihrem Sinn ein falscher Wahn;

3. und was sich sonst verlaufen hat von dir, das suche du mit Gnad
und ihr verwund't Gewissen heil, lass sie am Himmel haben teil.

4. Den Tauben öffne das Gehör, die Stummen richtig reden lehr,
die nicht bekennen wollen frei, was ihres Herzens Glaube sei.

5. Erleuchte, die da sind verblend't, bring her, die sich von uns getrennt,
versammle, die zerstreuet gehn, mach feste, die im Zweifel stehn.

6. So werden sie mit uns zugleich auf Erden und im Himmelreich
hier zeitlich und dort ewiglich für solche Gnade preisen dich.

*41

20.

Eine Weihnachtseinladung

Der Alte mit dem Bart winkt dem Wanderer: ›Komm mit! Ich zeige dir den Weg zum Christuskind! Ich bin gerade bei ihm gewesen. Es geht in diese Richtung!‹ Der Eingeladene folgt ihm mit großen Schritten. Er ist nämlich auf der Suche nach Gott. Nun denkt er vertrauensvoll: ›Der Alte scheint den richtigen Weg zu wissen!‹ Darum nimmt er seine Einladung an.

Immer wieder treffen wir Menschen, die wahre Lebenserfüllung suchen. Sie lernen die verschiedensten Religionen kennen, lesen fernöstliche Lehren oder besuchen Kurse über Esoterik und vieles mehr. Oft ist ihnen gar nicht klar, was ihnen fehlt. Sie empfinden vielleicht eine Leere in sich und fragen: ›Was ist eigentlich der Sinn meines Lebens? Wozu bin ich auf dieser Erde?‹ Gerade junge Menschen bewegen sich dann zwischen Weltschmerz und Hoffnungslosigkeit und begeben sich auf eine esoterisch-okkulte Sinnsuche. Besonders an Weihnachten denken manche: ›Christbaum, Geschenke, Familie, gut essen, viel trinken, ein bisschen Weihnachtsmusik – das kann doch nicht alles sein?‹

Jetzt kommt es auf uns Christen an: Spüren wir – hier ist ein Mitmensch, der Fragen an das Leben hat? Oder leben wir unser Christsein nur für uns selber? Das wäre nicht im Sinne Jesu! Da sagte einer enttäuscht zu einem Christen: »Jetzt kennen wir uns schon so lange! Doch wenn wir uns treffen, reden wir nur über Hinz und Kunz, aber nie über Wesentliches!«

Sind Christen zu feige, um über ihre Glaubenserfahrungen zu reden? Weihnachten ist eine Gelegenheit, auf dieses wichtige Thema zu kommen! Welchen Rahmen können wir dafür schaffen? Oft machen wir uns keine Mühe, darüber nachzudenken: Wie wäre es mit einer Einladung, einem sinnvollen Weihnachtsgruß, einem Brief, einem Telefonat, einem gemeinsamen Spaziergang und einem Kaffeestündchen mit brennenden Adventskerzen?

Gerade an Weihnachten, wo alles zur Familie hin tendiert, sind Alleinlebende oft traurig und verbittert. Wenn es uns gelungen ist, schon während des Jahres eine gute Beziehung zu knüpfen, dann sind Einsame für einen Besuch oder eine Weihnachtseinladung besonders dankbar.

Gottes Geist will uns leiten, dass wir uns nicht nur um uns selber und um unsere Familie drehen, sondern auf unseren Nächsten zugehen; denn Christus ist in Liebe auch auf uns zugekommen. Wenn wir in der Sahara wären und eine Oase entdeckt hätten, dann wäre es extrem egoistisch, den Verdurstenden um uns herum nicht zu sagen, wo sie ihren Durst stillen können.

Gebet:

Heilger Geist, bitte öffne mir Augen und Ohren, dass ich merke,
wo in meiner Nähe eine Person ist,
die nach dem Sinn ihres Lebens fragt.
Gib mir für sie die rechten Worte und die nötige Liebe!
Danke, dass du alle Menschen für Christus gewinnen willst.
Ich freue mich, wenn ich dir bei deinem
Vorhaben eine kleine Hilfe sein darf.

21.

Mutters Last und Freuden

Eine Mutter geht mit ihren drei Kindern an die Krippe. Sie will ihnen das Jesuskind zeigen und ihm ihre Kinder vorstellen. Vor allem aber braucht sie selber neue Kraft für ihre schwere Aufgabe; denn ›Jesu Kraft ist in den Schwachen mächtig‹.[*42]

Auf dem einen Arm trägt sie ihr Krabbelkind. Es legt die Ärmchen um ihren Hals und schmiegt sein Köpfchen an ihr Ohr. An der anderen Hand führt sie ihren Ältesten, der nicht mitkommen will. Sie muss sein Händchen fest in ihre Hand nehmen und ihn mit sich ziehen. Das mittlere Kind mit dem Holzpferdchen klammert sich an ihren Rockzipfel. Drei Kinder und nur zwei Hände! Wie soll das gehen? Sie muss eine Menge Arbeit und Probleme bewältigen: einen 24-Stunden-Job! Deshalb strahlt ihr Gesicht, obwohl Weihnachten ist, nicht gerade vor Freude, sondern wirkt eher abgekämpft. Oft fühlt sie sich ausgepowert, ausgebrannt und leidet unter dem ›mother-burn-out-syndrom‹. Doch sie gibt die Hoffnung nicht auf, dass sie wieder Mutterglück fühlen und neue Kraft haben wird.[*43]

Wer nur ein oder kein Kind hat, kann kaum eine Vorstellung von diesem Kraftverschleiß haben. Darum verletzt es die ältere Mutter zutiefst, dass ihre erwachsenen Kinder, wenn sie an Weihnachten heimkommen, ihr Erziehungsmängel und frühere Fehler vorwerfen. Dabei gibt es überhaupt keine perfekte Erziehung! Um der Kleinen willen hatte sie damals auf Freiheiten, Vergnügen und Anerkennung verzichtet, unter erschwerten Umständen gelitten und geschuftet wie ein Packesel – und jetzt wird sie von ihren Großen nur getadelt! Darin sind sie sich einig: nämlich gemeinsam ihre Mutter zu kritisieren! An allem sei die Mutter schuld, wenn irgendetwas im Leben ihrer erwachsenen Kinder nicht floriert! Diese sind an einer bestimmten Stelle ihres Wesens nicht dem Alter entsprechend gereift und in ihrer Teenagerhaltung stecken geblieben. Die hat sich nun im Erwachsenenalter leider verhärtet. Obwohl die Mutter diese Unreife längst erkannt hat, ist sie doch ganz geknickt. Alle Weihnachtsfreude ist ihr erloschen.

Darum geht auch sie zu Jesus. Er hat ein Herz für sie. Er tröstet sie, richtet sie wieder auf und vergibt ihr die bitteren Gedanken. Er erklärt ihr auch, dass erwachsene Kinder für die eigene Lebensführung selbst verantwortlich sind – auch für ihren Ungehorsam Gott gegenüber. Er schenkt ihr wieder neuen Lebensmut und zuversichtliches Selbstvertrauen.

Lied:

Text und Melodie: Kommunität Gnadenthal

[*44]

22.

Ein rechter Vater

Der junge Vater ist auch auf dem Weg zur Krippe. Sein Töchterchen darf auf seinen Schultern reiten. Es ist fast noch ein Baby und krallt sich mit seinen Fäustchen in Papas Haare. Mit beiden Händen hält er seine Beinchen fest, damit es nicht herunterfallen kann. Sein Blick ist auf den Weg gerichtet, dass er ja nicht stolpere. Ist er allein erziehend oder gehört er zur Mutter mit den drei Kindern?

Es ist eine Tragik, dass die Familie heute weitgehend ihren Schutz verloren hat und überall zerbricht. Besonders an Weihnachten werden die Erwartungen oft viel zu hoch geschraubt und der Bogen überspannt, bis die Saite reißt. Umso mehr sollten Christen gezielt für junge Familien beten, dass die Eltern beieinander bleiben und ihren heranwachsenden Kindern Geborgenheit und Sicherheit geben können. Erfreulich: Die jungen Väter, die ihre Frau bei der Geburt unterstützen, das Neugeborene versorgen, bei der Pflege und Erziehung sich voll beteiligen und ihre Versprechen Frau und Kind gegenüber treu einhalten! Sie sind ein Abbild der göttlichen Vaterliebe.

So pflegt und versorgt uns der himmlische Vater: Wenn wir müde und schwach sind, nimmt er uns hoch und trägt uns. Wenn wir Zärtlichkeit und Nähe brauchen, dürfen wir auf seinem Schoße sitzen. Immer können wir zu ihm kommen, ganz gleich, in welcher Verfassung wir sind. Hat er doch für jeden Zeit! Ja, er will viel mit uns im Gespräch sein und möchte hören, was uns bewegt. Von seiner Seite aus lässt er nie den Kontakt abbrechen. Aber er ist wie ein rechter Vater betrübt, wenn wir ihm fern bleiben. Dann wartet er mit Sehnsucht auf sein Kind. So ist er der Traumvater und zugleich die Traummutter für uns!

Für jedes seiner Kinder hat er einen guten, liebevollen Lebensplan. Es ist zu unserem Besten, diesen zu erfragen und uns nach ihm zu richten. Dann werden wir ein sinnerfülltes, befriedigendes Leben haben, sogar wenn uns Leid und Nöte treffen. Doch wenn wir eigene Wege gehen, werden wir nicht diese besondere Lebensqualität erleben, welche der himmlische Vater in seiner Liebe ursprünglich für jeden vorgesehen hatte. Für uns ein großer Schaden: verlorene Jahre – vergeudete Zeit! Doch in seiner Güte kann er sie uns ›wiedererstatten‹, wenn wir umkehren und zu ihm zurückkommen.[*45]

Gebet:

Lieber himmlischer Vater, ganz herzlich bitte ich dich
für die jungen Ehen und Familien, die ich kenne:
Schenke ihnen ein beglückendes Weihnachtsfest!
Hilf ihnen, immer wieder einander zu vergeben
und beisammen zu bleiben.
Stehe besonders denen bei, die allein erziehend sind!
Lass die Kinder Geborgenheit erleben und,
wenn sie nach dir fragen, auch die rechte Antwort erhalten.

23.

Großeltern und Enkel

Der Alte stützt sich auf den Enkel und kann nun für eine Weile den Stock entbehren. Eng vertraut gehen die beiden miteinander ein Stück Weg. Großvater schaut an den Horizont – oder noch weiter? Er erzählt. Wovon? Vielleicht von früher oder von Weihnachten oder von Gebetserhörungen. Jedenfalls ist sein Enkel ganz Ohr. Dieser erfährt jetzt manches, was ihm noch niemand gesagt hat. Nur Großvater weiß darüber zu berichten. Eine neue Erlebniswelt tut sich dem Jungen auf. Er spürt: Die Liebe und die Erfahrungen seines Großvaters sind anders als die seiner Eltern. Darum hört er nachdenklich und fragend zu.

Das Weihnachtsfest mit sinnvollen Geschenken ist für Großeltern und Enkel ein Anlass, miteinander in ein vertrauensvolles Gespräch zu kommen. Welche Verantwortung haben doch Großeltern: Sie können in weiche Kinderherzen Gutes und Negatives säen! Deshalb müssen sie sich von der Weisheit des Alters leiten lassen. Wenn sie wahrhaft klug sind, treiben sie keinen Keil zwischen die Enkel und ihre Eltern, sondern respektieren deutlich die elterliche Haltung: Was Erziehung, Ernährung, Mode und anderes betrifft, liegt allein in der Verantwortung der Eltern. Trotzdem bleiben für Großeltern noch viele Möglichkeiten offen, das Gold ihrer Erfahrung und ihrer geduldigen Liebe an die Enkel weiterzugeben.

Es ist bedauerlich, dass manche Großeltern sich schonen und die Enkel möglichst auf Abstand halten, weil diese Umstände und Durcheinander machen. So kann keine vertrauensvolle Beziehung zwischen ihnen wachsen. Welch ein Verlust für beide Seiten! Was in der Kindheit der Enkel versäumt wurde, ist später kaum mehr aufzuholen.

Ebenso bedauerlich ist es, wenn Eltern ihre Kinder von den Großeltern oder von der Oma fern halten. Dadurch speisen sie ihre Kinder mit Ablehnung und stehlen ihnen eine besondere Erfahrenswelt, die sie selbst ihnen nicht geben können. Jedes Konkurrenzdenken vergiftet das Familienklima! Selbst Weihnachten kann den Missklang nicht übertönen.

Unser Gott ist nämlich auch ›der Gott Abrahams, Isaaks und Jakobs‹ – das sind Großvater, Vater und Enkel. Er bedenkt die gesamte Familie, die verschiedenen Generationen und Geschwister und bezieht auch nicht verheiratete Tanten ein. Gott sieht uns nicht nur

als Individuum, sondern er denkt familienfreundlich! Im Alten Testament und heute segnet er Kinder und Enkel um ihres gläubigen Vaters oder Großvaters willen oder wegen der betenden Oma. In solchen Familien, die herzliche Beziehungen mit ihren Verwandten pflegen, kann man Gottes Segen oft mit Händen greifen. Gott verheißt: »Ich will meinen Geist auf deine Kinder gießen und meinen Segen auf deine Nachkommen!« [*46]

Kanon:

Text: Psalm 148,12
Melodie: Paul Ernst Ruppel

[*47]

Weihnachten leuchtet

Lied:

Text: Hannelore Risch
Melodie: Gottfried Wolters
Flötenstimme: Hannelore Risch

2. Gott reicht voll Erbarmen die Hand uns herab
und zieht uns aus Trennung, aus Sünde und Grab.
Es leuchtet Vergebung mit helllichtem Schein
ins Herz uns hinein.

3. Gott spricht unsre Sprache und kommt zu mir her.
Wir antworten froh ihm: "Wir lieben dich, Herr!"
Es leuchtet die Weihnacht mit helllichtem Schein
ins Herz uns hinein.

4. In Jesus hat Gott sich als Vater erzeigt,
der sich voller Liebe uns Menschen zuneigt.
Wir schauen dem Vater im helllichten Schein
ins Herze hinein.

*48

24.

Den Weihnachtssegen weitergeben

In der Heiligen Nacht kann ich es ermöglichen, ein Weihnachtsstündlein für mich allein zu haben. Dazu habe ich ein Körbchen voll bunter Kerzen gerichtet.[*49] Die größte nenne ich ›Dankeskerze‹ und zünde sie als Erste an. Gleich fällt mir so viel ein, wofür ich

Gott danken kann. Besonders dankbar bin ich für den Weihnachtssegen, den er durch die Geburt seines Sohnes in die Welt gegeben hat. Es ist nicht zu ermessen, welche Tiefe und Weite und Höhe dieser Segen hat. Auch ich weiß mich persönlich gesegnet. So will ich den kostbaren Weihnachtssegen an Ferne und Nächste weitergeben.

Zuerst denke ich an meine sechs Kinder und meine lieben Schwiegerkinder und zünde die rote ›Kerze der Liebe‹ an. Dabei spreche ich: »Es segne euch unser himmlischer Vater – besonders jetzt an Weihnachten!« Die bunt verzierte ›Enkelkerze‹ soll für meine Enkelkinder brennen – jedes ist mir in seiner besonderen Art eine Herzensfreude: »Jesus, der so ein Kind war wie ihr, segnet euch in Liebe!« Weil meine Geschwister und ihre Familien treu zu mir stehen, stecke ich für sie die grüne ›Verwandtenkerze‹ an und lege den Weihnachtssegen auch auf sie. Die hohe, weiße Kerze soll in dankbarem Gedenken an meine geliebten Verstorbenen brennen. Sie kann ich nicht mehr segnen, sondern ich übergebe sie erneut in Gottes gnädige Hand. Um mich herum sind viele Lebende, die den Weihnachtssegen sehr nötig haben: Freunde, Patenkinder, Nachbarn u. a.; ich bitte für sie, dass Gott sie reich segne, und entzünde für sie eine besondere Kerze.

Da fallen mir zwei Personen ein, die mir gegenüber missgünstig und neidisch auf meine Gaben sind, statt vielmehr ihre eigenen zu gebrauchen. Weil Jesus sagt: »Segnet, die euch fluchen!«, [*50] soll auch für sie eine Segenskerze brennen. Dicht daneben stelle ich die ›Blume der Versöhnung‹. Für meine Gemeinde, ihre Verantwortlichen und Ehrenamtlichen stecke ich eine lila Kerze an und bitte: »Der Heilige Geist erleuchte euch mehr und mehr!« Ihn haben auch die Politiker dringend nötig, darum erhalten sie ebenfalls einen Weihnachtssegen.

Dann denke ich an Gottes BotschafterInnen in der ganzen Welt, besonders an die, die ich kenne, und an ihre Dienste. Ich bin überzeugt, dass der Weihnachtssegen über Tausende von Kilometern auch sie erreicht.

Wie mögen wohl Trauernde, Kranke und Sterbende dieses Weihnachtsfest erleben? Ich suche eine ›Trostkerze‹ aus und bitte für sie um einen tröstlichen Segen.

Und wie sieht es zurzeit in Nahost und in den Krisen- und Kriegsgebieten aus? Der Weihnachtsengel hatte verkündet: »Friede auf Erden!« Darauf will ich mich verlassen und zünde die ›Friedenskerze‹ an. Dabei singe ich: »Ehre sei Gott in der Höhe! Friede auf Erden! Und den Menschen ein Wohlgefallen! Amen.« [*51]

Die Hirten auf dem Heimweg

Die Hirten konnten zuerst die himmlische Weihnachtsbotschaft kaum glauben. Darum machten sie sich sofort auf den Weg nach Bethlehem. Sie wollten sehen, wovon der Engel gesprochen hatte, was dort geschehen war. Da sahen sie mit eigenen Augen: Was sie gehört hatten, war keine Täuschung, sondern tatsächlich wahr! Das traf sie innerlich und verwandelte sie. Sie erlebten eine entscheidende Begegnung mit Jesus, dem Mensch gewordenen Wort Gottes.

Auf dem Rückweg zu ihren Herden sprachen sie laut darüber. Sie priesen Gott dafür, dass das, was sie gehört und gesehen hatten, so genau übereinstimmte. Von Stunde an war ihr Leben verändert und hatte eine ganz neue Bedeutung. Sie fühlten sich wie neugeboren.

Das heißt auch für uns: ›Probieren geht über studieren!‹ Wir dürfen Gottes Wort auf die Probe stellen. Wenn wir ihm aufrichtig vertrauen, werden wir erfahren: Was Gott zusagt, das hält er auch!

Obwohl die Hirten keine angesehenen Leute waren, erzählten sie doch überall weiter, was sie mit Gott erlebt hatten. Schließlich erfuhr es ganz Bethlehem und Umgebung, was in der Heiligen Nacht geschehen war.

Warum schämen wir uns, Glaubenserfahrungen anderen mitzuteilen? Es wäre besser als so viel unnützes Gerede! Und es wäre wirksamer als manche Predigt in der Kirche!

»Von einer Generation zur anderen soll man rühmen, was du vollbracht hast, und deine machtvollen Taten weitererzählen!«, sagt der Psalmbeter zu Gott.[*52] Wenn unser Herz davon voll ist, läuft unser Mund über!

Oder kann es vielleicht sein, dass es bis oben hin nur von nichtigen Dingen gefüllt ist? Wenn sie auch noch so weihnachtlich sind, sind sie doch vergänglich! Sie können die Seele nicht sättigen. Fehlt uns die entscheidende Begegnung mit Jesus? Wünschen wir, gerade jetzt in der Advents- und Weihnachtszeit, eine persönliche Beziehung mit ihm zu beginnen?

Pastor Johannes Hansen[*53] ermutigt Menschen, die von nun an in Verbindung mit Christus leben wollen, folgendes Gebet zu sprechen:

Gebet:

»Herr Jesus Christus, ich habe deinen Ruf an mich gehört.
Ich danke dir, dass du mich nicht vergessen hast,
obwohl ich dich oft vergaß und nicht an dich dachte.
Ich hatte mich von dir abgewandt und ging meine eigenen Wege.
Du aber hast mich nicht aufgegeben.
Ich bekenne dir die Schuld meines Lebens
und die ungezählten Fehler meiner Tage.
Ich bitte dich: Vergib mir meine Schuld
und nimm mich wieder als dein Eigentum an.
Ich danke dir, Jesus, für dein Sterben am Kreuz.

Danke für deine Vergebung! Gern nehme ich sie an!
Im Vertrauen auf dein ›Ja!‹ zu mir
antworte ich dir jetzt mit meinem ›Ja!‹ zu dir!
Gib mir die Kraft, mich stets an dich zu halten
und nicht zu verzagen, wenn ich in Krisen komme.
Zeige mir meinen Platz in deiner Gemeinde
und meinen Platz in deiner dennoch geliebten Welt.
Zeige mir meine Gaben und Fähigkeiten,
damit ich sie einsetzen kann, wo du mich brauchst
und wo Menschen auf meine Hilfe warten.
Mache mir dein Wort lieb und gib mir Mut,
meinen Dank, meine Not und meine Bitten
viel im Gebet vor dich zu bringen.
Mein Jesus Christus, verwandle mein Leben,
dass es für dich zur Freude
und den Menschen zur Hilfe wird.

Amen.«

Johannes bezeugt in seinem Evangelium Kapitel 1, Vers 12: »Die Jesus Christus (in ihr Leben) aufnahmen und ihm ihr Vertrauen schenkten, denen gab er das Recht, Gottes Kinder zu werden.«
Und Paulus schreibt im Römerbrief, Kapitel 8, die Verse 14 – 17: »Weil sein Geist in uns lebt, sagen wir zu Gott: ›Abba! Lieber Vater!‹ Und Gottes Geist bestätigt unserem Geist, dass wir wirklich Gottes Kinder sind. Wenn wir aber Gottes Kinder sind, dann wird Gott uns auch das schenken, was er seinen Kindern versprochen hat: Er will uns ewiges Leben in Herrlichkeit schenken, das er Christus gegeben hat!«
Halleluja! Welch ein Weihnachtsgeschenk!

Meine Weihnachtsgedanken:

Weihnachtliches Verzeihen

Die Frau mit der Blume und dem weißen Kleid eilt mit offenen Armen auf eine graue zu. Sie strahlt Freude und Herzlichkeit aus. Was ist mit ihr geschehen? Will sie sich versöhnen? Was hatte sie denn erlebt?
Ja, sie war gerade an der Krippe gewesen und hatte mit dem Jesuskind ein sehr persönliches Gespräch gehabt: »Jesus«, beklagte sie sich, »diese graue Frau hat mich so sehr ver-

letzt. Ich kann dir manche Begebenheiten erzählen, wo sie mich zutiefst gekränkt hat!« – Jesus schaute sie voller Verstehen und Liebe an. Seine göttliche Reinheit berührte sie. Dadurch erkannte sie in seinem Licht hässliche Flecken in ihrem Wesen: Egoismus, Neid, Empfindlichkeit. Beschämt blickte sie zu Boden und bat: »Jesus, vergib mir!« Was sah sie da zu ihren Füßen? Eine aufblühende, wunderschöne Christrose mit vielen Knospen! Und sie hörte liebevolle Worte: »Meine Liebe, genauso sehe ich jetzt dich: rein und weiß – in makelloser Schönheit! Gib nun von meiner Vergebung etwas weiter an die, die dich verletzt haben! Wenn nötig, bitte sie auch um Verzeihung!«
Voll Dank bückte sie sich und brach eine Blüte ab. Innerlich befreit, will sie nun Jesu Auftrag gleich ausführen. Unterwegs klingen in ihr immer noch die wundersamen Worte nach: ›Rein und weiß – in makelloser Schönheit!‹ Sie kann es kaum fassen. Plötzlich erkennt sie: Ich habe ja nun ein strahlend weißes Kleid an! Beflügelt eilt sie auf die andere zu.
Aber die graue Frau ist unschlüssig: ›Soll ich ohne Wiedergutmachung verzeihen? Ihr die Hand reichen? Einfach wieder gut mit ihr sein, weil Weihnachten ist? Vielleicht habe ich selber auch etwas Schuld an diesem Zwist? Nein! So leicht kann ich es ihr nicht machen!‹ Ihr Gesicht und ihre Haltung bleiben verschlossen.
»Verzeih mir!«, bittet die Frau mit dem weißen Kleid. Freundlich legt sie ihr die Christrose auf den verschränkten Arm, weil sich keine Hand dafür öffnet. In Gedanken redet sie mit Jesus: »Mehr kann ich im Augenblick nicht tun! Vielleicht gibst du mir im neuen Jahr eine neue Chance?« Sie begibt sich ohne Bitterkeit auf den Heimweg.
Was schimmert ihr da von weitem schon entgegen? Als sie näher kommt, erkennt sie überrascht: in ihrem Vorgärtlein sind viele Christrosen aufgeblüht! Beglückt geht sie hinters Haus. Da liegt es wie Schnee in ihrem Garten und hüllt sie in Blütenduft: unzählige Christrosen bedecken die kalte, steinige Erde! Wieder erklingen in ihr Jesu Worte: »Geliebte, so sehe ich dich: rein und weiß – in makelloser Schönheit!« Sie wecken in ihr warme Gegenliebe. »Danke, mein Jesus, für deine Vergebung!«, antwortet sie bewegt, »nun habe ich viele Christrosen zum Verschenken!«

Kanon:

Text und Melodie: Johannes Risch

*54

Eine gute Beziehung

Es war schon Tradition geworden, dass Großmutter von Weihnachten bis Neujahr in der jungen Familie bei ihren Enkelkindern weilt. Als sie dort ankommt, begrüßt die Tochter sie: »Wie gut, Mutter, dass du über Weihnachten bei uns bist. Unsere beiden Kinder sind außer Rand und Band und machen uns fix und fertig! Wie hast du es damals mit uns Vieren nur geschafft? Ich muss dich bewundern!« Die Enkel fragen: »Oma, was hast du uns mitgebracht?« Sie schmunzelt: »Mich selber! Und so viel Zeit für euch, wie ihr von mir haben wollt!«
Die Bescherung am Heiligen Abend fällt in diesem Jahr be-

sonders üppig aus. Jeder Weihnachtswunsch wird erfüllt. Viele Päckchen sind auszupacken. Die Kinder werden von der ganzen Verwandtschaft mit Gaben nur so überschüttet. Übersättigt können sie die Geschenkeflut gar nicht mehr aufnehmen und schauen zuletzt kaum hin.

In den nächsten Tagen spielt Großmutter stundenlang mit ihren beiden Enkeln. Ihre Geduld und ihre Fantasie sind unerschöpflich. Auf einmal taucht die Frage auf: »Oma, wie war Weihnachten damals bei dir, als du so alt warst, wie wir jetzt sind?« Sie erzählt: »Es war die schlimme Kriegs- und Nachkriegszeit. Unser Papa war in Kriegsgefangenschaft. Wir waren sehr arm und kämpften mit letzter Kraft ums Überleben. Doch Weihnachten war wunderbar: Meine Geschwister und ich haben jedes ein schönes Geschenk erhalten, und wir durften uns endlich einmal richtig satt essen! Wir waren selig! Ja, wir haben gejauchzt und gejubelt und beglückt unser Weihnachtsgeschenk an uns gedrückt. Ihr würdet wahrscheinlich die Nase darüber rümpfen; wir aber fühlten uns reich beschenkt und überglücklich. Es gab nämlich damals fast nichts zu kaufen. Die Geschäfte waren leer. Doch unsere Mutter hatte gute Beziehungen zu verschiedenen Leuten, die etwas mehr als wir besaßen. Sie tauschte das und jenes, und so war es ihr gelungen, ihre Kinderschar weihnachtlich zu beschenken. Natürlich fragten wir sie: »Mutter, woher hast du die schönen Geschenke?« Sie strahlte: »Vitamin B!« Damit meinte sie ihre gute Beziehung zu einer Geschäftsfrau oder Nachbarin.

Doch die beste Beziehung, die sie hatte, war zu unserem himmlischen Vater. Mit ihm hat sie ständig ihre Nöte besprochen. Oft sagte sie zuversichtlich: »Gott hilft uns, dass wir durchkommen!« So haben wir Kinder immer wieder erfahren, wie treu der himmlische Vater uns versorgt. Weil wir ihm von Herzen dankbar waren, haben auch wir mit ihm eine gute Beziehung gepflegt und mit ihm geredet wie Kinder zu ihrem Papa!« – »Oma, wir wollen auch eine gute Beziehung mit dem himmlischen Vater haben!«, sagen die Enkel. Großmutter antwortet: »Sie besteht schon! Gott hat längst damit begonnen, eine liebevolle Beziehung zu euch zu knüpfen. Freut euch darüber und nutzt sie!«

Wanderer zwischen beiden Welten

Gott sagte zu Abram: »Zieh in ein Land, das ich dir zeigen werde!« Und Abram folgte dem Befehl des Herrn. [*55] So hat sich Abram auf den Weg gemacht: Altes lässt er zurück – Unbekanntes liegt vor ihm. Kräftig holt er aus, mit beiden Füßen auf der Erde; in der Linken einen festen Wanderstab, seine Rechte liegt auf seiner Brust. Tief innen weiß er: ›Mein Gott kennt Weg und Ziel. Auf ihn kann ich mich verlassen; darum will ich auf ihn hören!‹ Er hat sein inwendiges Ohr auf Gottes Reden eingestellt. Seine Augen sind nur halb geöffnet, als sähen sie in sich hinein. Sein Mund ist offen, als rede er mit dem Unsichtbaren. Kein einfaches Gespräch, denn erstaunt zieht er Augenbrauen und Stirnfalten hoch.

Als er das Ziel erreicht hat, bekommt er von Gott das Land Kanaan als Erbe für seine Nachkommen zugesagt. Jetzt könnte er sich hier gut verwurzeln, schöne Häuser für sich und die Seinen bauen und sein Herz daran hängen! Nein, er lebt in seinem Land als Fremder, durchwandert es und schlägt seine Zelte auf und wieder ab. Warum? Seine Heimat ist nicht hier: ›Er wartet auf die Stadt mit dem festen Grund, die Gott selbst entworfen und gebaut hat.‹ [*56] Im Geist sieht er sie schon vor sich, während er mit seinen Füßen noch durch das Land wandert. Dort ist seine Heimat – hier ist seine Wanderschaft.

Wenn unser Schöpfer, dem alles zur Verfügung steht, selbst der Architekt und der Baumeister

ist, wie unvergleichlich muss diese herrliche Stadt sein: aus unvergänglichem Material in vollkommener Harmonie und Schönheit! Sie ist das himmlische Jerusalem mit seinen vielen Tausend Engeln und den heimgekommenen Gotteskindern. Dort finden Feste und Feiern statt, Freuden über Freuden, glückseliges Lachen, Umarmen und Lieben. Da ist niemand mehr, der neidisch ist, einen verleumdet oder hasst. Alle Erlösten sind vollkommen geworden in der Liebe zur göttlichen Dreieinigkeit und zueinander. Sie kennen keinen Mangel: keine Krankheit, keine Schmerzen, kein Altern, keinen Tod und keinen Abschied mehr. Alle Tränen sind getrocknet.
In der Mitte von allem thront Jesus, das Lamm Gottes. Seine Wundmale sind jetzt Siegeszeichen, weil er durch seinen Kreuzestod Satan, Tod und Sünde besiegt hat. Sie leuchten durch die Himmel weit. Alle Engel und Erlösten neigen sich vor ihm und singen: Ehre, Ehre dem Lamm, das sich aus Liebe geopfert hat!
In dieser Festversammlung sind reservierte Plätze für euch und für mich! Wir wollen sie nicht versäumen!
Darum behalten wir wie Abraham das Endziel im Auge und leben darauf zu. Auch im neuen Jahr als Wanderer zwischen beiden Welten! Das Lebensziel prägt den Lebensstil! Auch unsere Nächsten werden deutlich merken, welches hohe Ziel wir angepeilt haben.

Lied:

Jesu, geh voran auf der Lebensbahn!
Und wir wollen nicht verweilen, dir getreulich nachzueilen;
führ uns an der Hand bis ins Vaterland.

Soll's uns hart ergehn, lass uns feste stehn
und auch in den schwersten Tagen niemals über Lasten klagen;
denn durch Trübsal hier geht der Weg zu dir.

Rühret eigner Schmerz irgend unser Herz,
kümmert uns ein fremdes Leiden, o so gib Geduld zu beiden;
richte unsern Sinn auf das Ende hin.

Ordne unsern Gang, Jesu, lebenslang.
Führst du uns durch raue Wege, gib uns auch die nöt'ge Pflege;
tu uns nach dem Lauf deine Türe auf. [*57]

Nachwort für Gruppen- und Gemeindeleiter/innen

Dieser weihnachtliche Bildband dient nicht nur der persönlichen Betrachtung, sondern kann auch für Advents- und Weihnachtsfeiern in der Gruppe oder im Gottesdienst verwendet werden. Dazu dürfen Sie ohne Anfrage an die Autorin oder den Verlag Dias oder Farbfolien der Plastiken (Plastik der Marienschwestern nur auf Anfrage) herstellen.

Die Leitung wähle mit Bedacht nur einige wenige dieser Betrachtungen aus, die für die Gruppe oder Gemeinde besonders ansprechend sind. Dabei werden die Buchtexte langsam, deutlich und mit Betonung gelesen. Gutes Vorlesen muss eingeübt werden, sonst bringt es den Zuhörern keinen Gewinn.

Vielleicht ist auch ein Gemeindemitglied bereit, den anderen ein weihnachtliches Erlebnis mitzuteilen? Aus meinen langjährigen Erfahrungen in der Gemeindearbeit, zuerst als junge Pfarrfrau, später als Pfarrerin und dann als Reisereferentin bei Frauentreffen, habe ich bewusst manche volksmissionarische und seelsorgliche Impulse in den Text einfließen lassen.

Übrigens: Krippenfiguren modellieren ist gar nicht so schwer, wie es aussieht. Viele haben dafür ein noch unentdecktes Talent! Anhand mancher Bilder und eventuell in einem Modellierkurs lassen sich solche Figuren ungefähr nacharbeiten und zeigen sogar die persönliche Note der Künstlerin und des Künstlers.

Von Herzen wünsche ich, dass viele Menschen sich durch Kreativität und Advents- und Weihnachtsfeiern für den Einzug unseres himmlischen Königs öffnen.

Hannelore Risch

Anhang

Die Krippenfiguren sind von mir selbst modelliert worden.
Plastiken S. 24, 40, 45, 52, 61 Luise Schreiner (gest. 1984). (Die Figuren gehören jetzt mir und meinen Geschwistern. Wir freuen uns über den Abdruck.)
Plastik S. 51 Traude Metzner, Hassloch
Plastik S. 20 Evangelische Marienschwesternschaft, Darmstadt
Bibelübersetzung: Die Gute Nachricht und Thompson Studienbibel
EG = Evangelisches Gesangbuch, Ausgabe für die Evangelische Kirche der Pfalz, Speyer
GL = Gotteslob/Katholisches Kirchengesangbuch
Gitarrengriffe: Johannes Risch
Alle Liedsätze mit Flötenüberstimmen: Hannelore Risch

Anmerkungen

*1: Ich will dir danken 702, © Hänssler Verlag, D-71087 Holzgerlingen
*2: Sach. 9,9; © Strube Verlag München-Berlin
*3: Joh.12,45; Joh. 10,30
*4: Apg. 2
*5: Angelus Silesius
*6: Gal. 4,4
*7: Offb. 3,20
*8: Offb. 22,7; Mt. 16,27;
*9: Tit. 2,13
*10: Kanon: H. Risch, © Hänssler Verlag, D-71087 Holzgerlingen
*11: vgl. EG 11,V. 1, 7, 8, 10;
*12: EG 11,5
*13: Lk.1,26 f.
*14: EG 165,8
*15: Mt. 1,18 f. und Mt. 2,13
*16: Gerhard Fritzsche, © Verlag, Singende Gemeinde, Wuppertal
*17: Eph. 6,10 f.
*18: 1. Mose 3,15
*19: Offb. 12,11; 21,7
*20: Ich will dir danken 193, © Hänssler Verlag, D-71087 Holzgerlingen
*21: 1. Mose 2 und 3
*22: Kol. 2,14
*23: EG 82, V. 1, 4, 8
*24: Kinderliederbuch (Oncken) Flötenstimme: © Hänssler Verlag, D-71087 Holzgerlingen
*25: EG (Pfalz) 656,1+3 T.: Viktor Friedrich von Strauss und Torney 1843, M.: Mein schönste Zier und Kleinod, Nr. 473
*26: Mt.11,28 f.
*27: EG 36,8+9
*28: Hebr. 10,35
*29: EG 169,4, Rechte beim Urheber
*30: Mt. 2
*31: Joh. 18,36
*32: GL 107,1; EG 1,1
*33: Siehe EG 142!
*34: Dr. Martin Luther
*35: Forts. von Lied *24
*36: GL 144; EG 41,1+3
*37: GL 130; EG 23,6+7
*38: Oswald Chambers
*39: EG 361,6+12
*40: Mt.11,29
*41: EG 72, Flötenstimme: © Hänssler Verlag, D-71087 Holzgerlingen
*42: 2. Kor. 12,9
*43: EG 58, V. 1, 7, 11
*44: Mosaiklieder © Präsenz-Verlag, D-65597 Gnadenthal
*45: Joel 2, 13+25+27
*46: Jes. 44,3
*47: T.: Ps.148,12; © Möseler-Verlag, Wolfenbüttel
*48: Melodie: © P. J. Tonger Musikverlag, Köln Flötenstimme: © Hänssler Verlag, D-71087 Holzgerlingen
*49: Siehe auch von H. Risch: Weihnachtsheft: Allen Menschen große Freude (dort habe ich diese ›Kerzenidee‹ ausführlicher erklärt)
*50: Mt. 5,44
*51: EG 26
*52: Ps. 145,4
*53: Volksmissionarisches Amt, Witten (Gebet ›Ermutigung‹)
*54: Kanon: Johannes Risch © Hänssler Verlag, D-71087 Holzgerlingen
*55: 1. Mose 12,1 f.
*56: Hebr. 11,10
*57: EG 391

Hänssler – Bildband
Bestell-Nr. 393.629
ISBN 3-7751-3629-0

Gesamtgestaltung: Vaihinger Satz & Druck
Fotos: Volker Rust
Druck und Bindung: Sachsendruck GmbH, Plauen
Printed in Germany

Weitere Titel von Hannelore Risch

Was Frauen mit Gott erleben

Tb., 112 S., Nr. 392.471, ISBN 3-7751-2471-3

Was Frauen mit Gott erleben ... ist zum Staunen

Tb., 160 S., Nr. 392.857, ISBN 3-7751-2857-3

Lassen Sie sich von diesen ehrlichen Berichten motivieren, in den eigenen Grenzen den grenzenlosen Gott zu erfahren – in Alltagssituationen, Krisenzeiten, Beziehungen ... Mit vertiefenden Impulsen für das Gruppengespräch.

Bitte fragen Sie in Ihrer Buchhandlung nach diesen Büchern!
Oder schreiben Sie an den Hänssler Verlag, D-71087 Holzgerlingen.

hänssler

Weitere Titel von Hannelore Risch

Vergeben hilft leben

Tb., 96 S., Nr. 392.796, ISBN 3-7751-2796-8

Manchmal fällt es so schwer, sich selbst und anderen zu vergeben. Mit einfühlsamen Texten und Fragen ermutigt die Autorin, den oft steinigen Weg der Vergebung zu gehen. Ergänzt durch Impulse zum Nachdenken, Lieder und Gebete und durch die Zeichnungen ihres Sohnes Johannes wird das Buch zu einer intensiven und gewinnbringenden Lektüre. Bestens geeignet für den Privatgebrauch oder in der Gruppe.

Für schwere Tage

Kt., 48 S., Nr. 391.567, ISBN 3-7751-1567-6

Die beliebte Autorin hat in diesem Postkartenbüchlein einfühlsame Texte, Sprüche und Bibelverse für Trauernde zusammengestellt, die durch stimmungsvolle Bilder ergänzt werden. Hervorragend zum Weitergeben geeignet.

Bitte fragen Sie in Ihrer Buchhandlung nach diesen Büchern!
Oder schreiben Sie an den Hänssler Verlag, D-71087 Holzgerlingen.